MARCO SABATIELLO

INTERNATIONAL COMPANY

Come Sviluppare una Nuova Impresa all'Estero

Costruita su Idee e Prodotti Innovativi

Titolo

"INTERNATIONAL COMPANY"

Autore

Marco Sabatiello

Editore

Bruno Editore

Sito internet

http://www.brunoeditore.it

Sommario

Introduzione

Questo corso vuole dare una risposta semplice, operativa e accessibile per sviluppare una nuova impresa a livello internazionale, costruita *ad hoc* su un'idea innovativa. Il metodo illustrato consente di avere un utile strumento di confronto e di verifica delle stime condotte con altri metodi, oltre a un sistema operativo di facile applicazione. Verrà infatti indicata la via inedita da usare congiuntamente alla concretizzazione di un'idea innovativa per realizzare nuove imprese a livello mondiale.

L'altro tema è fornire una serie di strumenti utili per operare con creatività, che siano basati su semplici, quanto efficaci, intuizioni e strategie. Questo corso è indirizzato agli inventori o a chiunque abbia un'idea di business ma non sa renderla profittevole; agli imprenditori che vogliono avere una prospettiva diversa e creativa a livello internazionale; agli investitori in grado di alimentare un nuovo modo di fare innovazione; a tutti i talenti che vogliono contribuire a cambiare il modo di fare impresa.

Il contenuto del corso è basato sulla mia esperienza personale, proprio per questo posso aiutarti a raggiungere prima la consapevolezza e poi i tuoi obiettivi nel campo degli affari. Quello che ha funzionato per me potrebbe non giovare a te, ma mi auguro di vedere presto una tua idea di business prendere vita regalando beneficio a tante persone al mondo.

Tutto quello che vedi intorno a te è cominciato da un pensiero o da un'idea nella mente di una singola persona, prima di essere tradotta in realtà!

CAPITOLO 1:
Innovative Business Idea

Le idee non sono l'innovazione

Questa affermazione arriva dalla mia esperienza personale in ambito professionale. Le idee sono come una proiezione mentale di un oggetto pensato, a volte frutto della nostra immaginazione. Tutto appare ancora poco reale. L'innovazione invece è qualcosa di più pratico, verificabile e misurabile perché migliora la quantità e la qualità dei prodotti e di conseguenza lo stile di vita di ognuno di noi.

Da sempre l'uomo pensa a cambiare per proseguire il percorso sociale ed evolutivo. Proprio per questo, anche nelle aziende, il concetto di progresso deve essere ben presente. Incontro spesso una confusione tra *idee* e *innovazioni*. Le idee sono innovazioni? No. Ognuno di noi ha delle idee e hanno tutte un potenziale di successo infinito. Però per raggiungere un'innovazione partendo da un'idea occorre dedicarsi all'effetto pratico per ottenere quel qualcosa di tangibile e reale. La capacità di innovare vuol essere un impegno a realizzare l'idea, perché da sola non ha alcun effetto e su nessuno. Spiegherò più approfonditamente i fattori che determinano la crescita di valore di un'impresa innovativa e di come determinarne una corretta stima della stessa. Ora osserviamo invece quali sono le innovazioni che possono rendere unica la tua futura International Company.

Conosco sei diverse classi di innovazione:

- prodotto: inserire nel mercato qualcosa di nuovo e mai visto;
- distribuzione: nuovi modelli di consegna del prodotto o servizio;
- tecnologia: miglioramento di quella esistente;
- organizzazione: utilizzo rivoluzionario delle risorse (temporali, umane, economiche);
- processo: produzione dei beni con modalità innovative;
- struttura: contenimento dei costi.

SEGRETO n. 1: la scelta di una o più classi di innovazione è il punto di partenza per affrontare l'apertura di una International Company basata su una nuova idea.

Analizzo inizialmente le diverse alternative possibili in materia di sviluppo per partire da una di queste e rendermi riconoscibile in maniera unica sul mercato. Consideriamo ora il tema principale del nostro manuale: progettare un'impresa internazionale sviluppando un'idea innovativa. Diversi sono gli aspetti che si devono affrontare nella creazione di un'azienda. Si possono, a tale riguardo, verificare due ipotesi: creazione da zero o riorganizzazione di un'azienda già costituita.

Si potrebbe pensare, a una prima analisi, che sia più facile riorganizzare un'impresa già costituita, piuttosto che crearla da zero. La mia realtà insegna spesso il contrario. Questo accade perché un'azienda esistente possiede già una storia consolidata, una cultura e un marchio che porta avanti con specifici imprenditori o manager.

Tendenzialmente è più lungo e complesso apportare dei cambiamenti in strutture simili, specialmente se poco propense alla trasformazione. Quest'ultima arriva se siamo disposti ad accogliere anche altre idee e punti di vista esterni; risulta ancora più difficile se pensiamo di creare qualcosa da soli, perché i risultati si ottengono lavorando con altre persone. Proprio per questo, suggerisco di affrontare l'apertura di una nuova Company considerando i seguenti interrogativi.

- L'idea è davvero *innovativa*?
- Esiste qualcuno in grado di aiutarmi in questa idea?
- C'è qualcuno disposto ad acquistarla?

In questo corso si avranno tutte le risposte. Intanto anticipo che se qualcuno ha già realizzato qualcosa che è simile a un tuo prodotto potenziale, è inutile continuare a sviluppare quell'idea. Cade da subito il concetto di innovazione. Al contrario, non ho mai timore di chiedere per sondare il mercato e confrontarmi con i professionisti del settore o per constatare se esiste qualcosa che somigli alla mia idea di business.

Libera l'energia con il principio che tutto serve, eccetto proteggere. In questa fase, è improbabile che qualcuno possa appropriarsi della nuova idea. La complessità inerente lo sviluppo è ciò che più importa e non è da tutti trovare strategie avanzate. Da qui in avanti, pongo la massima attenzione a non sottovalutare il "rischio imprenditoriale" poiché rendere immediatamente operativa l'idea di business può essere un errore fatale per lo *start up*. L'obiettivo primario è ridurre appunto il rischio d'impresa, ma ricorda bene che non lo eliminerai mai completamente. Ci innamoriamo spesso e velocemente delle nostre idee, come se avessimo un colpo di fulmine; è invece opportuno dedicare il tempo necessario alla fase di studio per comprendere la redditività della nuova idea.

Questo principio è valido sia per gli imprenditori che hanno già realizzato imprese, sia per chi intraprende per la prima volta l'avventura di un'attività imprenditoriale. In questo manuale darò indicazioni su cosa avviene prima, durante e dopo l'inserimento nel mercato di un prodotto innovativo.

Come prima cosa è fondamentale studiare il mercato conosciuto nel quale si andrà a operare, sia in termini di grandezza, sia di potenziali concorrenti o clienti che fungono da bacino di riferimento. Queste informazioni rappresentano le aree in cui la concorrenza investe maggiormente per la distribuzione del proprio prodotto. Sono gli elementi fondamentali. È altrettanto decisivo conoscere e comprendere la cultura, la storia del territorio nel quale stabiliamo la sede della nuova Company.

La chiave per idee innovative: impollinazione incrociata

Dominare questo metodo fornisce nuova energia al business e porta nuova vita ai progetti. Come spesso accade, basta osservare la natura: in questo caso prendo spunto dalle api, e da quel processo denominato "impollinazione incrociata". Le api spiccano il volo da un fiore all'altro, da un albero all'altro, raccolgono e propagano frammenti di una pianta trasportandoli su altre. Di conseguenza la pianta che riceve l'impollinazione risulta più resistente, oltre ad avere la capacità di produrre diverse varietà.

Allo stesso modo, nell'impollinazione incrociata delle idee il business risulta essere più forte. Saremo più facilmente in grado di resistere alle difficoltà che ogni azienda deve affrontare sul mercato. Tenere gli occhi aperti a fonti di idee è il primo passo. Idee veramente grandi si trovano dove meno ce lo aspettiamo.

Ogni azienda è unica

La creazione di una nuova impresa passa sempre da esperienze uniche. Non è detto che il meglio per una società sia la stesso per un'altra. Ciò che funziona per una potrebbe non funzionare per le altre. Le aziende possono provare a competere tra di loro, ma un'idea innovativa da cui si ricava un business potrebbe essere la rovina di un'altra Company. Sapere su quali principi si basa il modello di business ha lo stesso peso di individuare il contesto e il profilo dell'azienda, oltre al suo funzionamento.

Come scegliere un'idea di successo

Quando si segue un'idea creativa, occorre valutare le risorse disponibili e quelle attivabili dal momento in cui sarà necessario effettuare delle regolazioni lungo la strada di punti non previsti in origine. Proprio per questo il primo passo può essere calcolato. Per esempio, ho appena "prototipato" un nuovo componente meccanico-elettrico che è in grado di ridurre i consumi di carburante sulle navi da crociera. Ho il componente numero uno tra le mani, pronto al funzionamento. Manca tutto il resto, ossia creare una struttura organizzata che mi permetta di reperire le materie prime necessarie, creare una linea di produzione, una corretta strategia di marketing e un piano commerciale vincente.

Ancora, una gestione d'impresa, la location ideale, insomma

occorre creare un'azienda che sia in grado di mettere l'innovazione sul mercato. In mano ho al momento il prototipo funzionante, che ha esaurito tutte le mie risorse disponibili: economiche e di competenze per creare la nuova realtà imprenditoriale. Se non sono in grado di attivare risorse ulteriori, trovare un finanziatore, la location ideale (consideriamo il mondo intero) o chi è in grado di supportarmi per la realizzazione pratica dell'impresa, mi sarò arenato a uno scoglio. E il mio componente innovativo probabilmente non lo conoscerà mai nessuno.

Credo che ti sarà capitato di sentir dire: «Ho inventato un nuovo prodotto per pulire le piscine in modo automatico, ma non sono riuscito, dopo dieci anni, a metterlo in commercio». Accade perché non si è in grado di attivare le risorse necessarie che altri possiedono per uno scambio proficuo di conoscenze e capacità. Molte volte non si arriva nemmeno al prototipo, tutto rimane un'idea lontana dalla realtà.

Al contrario, il rischio imprenditoriale è riducibile notevolmente quando è conosciuto. Ecco perché si possono prendere decisioni e sfruttare le risorse in modo più efficiente lungo il cammino del successo. E per successo intendo la capacità di far accadere le cose. Ogni importante innovazione è preceduta da passi falsi o sbagliati, pertanto andiamo avanti senza fermarci. La maggior parte delle invenzioni è stimolata da una necessità, ponendo attenzione ai problemi di un ambito specifico per poi trovare soluzioni semplici a questi problemi. Per tutto ciò occorre tempo.

Come dicevo, ogni idea di business può essere sviluppata in modi diversi per dare origine a progetti altrettanto diversi con differenti opportunità e potenzialità; solo alcune di queste diventano imprese di successo. Per questi motivi è fondamentale sviluppare l'idea in maniera assolutamente dettagliata e verificare la congruenza del profilo dell'imprenditore col mercato in cui si andrà a operare. Il progetto, trasformato in impresa, sarà introdotto in un commercio che funge da ago della bilancia sulla validità o meno dell'idea di partenza.

SEGRETO n. 2: non è possibile valutare un'idea, mentre è possibile valutare un progetto completo e dettagliato. Questo è fondamentale anche per i potenziali investitori.

Nella fase iniziale, quando valuto una nuova idea di business, vado a verificare le potenzialità della stessa sulla base dei seguenti parametri:

- capacità d'innovazione;
- settore;
- mercato;
- capacità e conoscenze tecniche necessarie;
- location idonea;
- ciclo di vita dell'idea;
- investimento necessario;
- modalità di avvio.

Come definire l'innovazione

Tutte le aziende devono, in funzione di come evolve il proprio mercato, sviluppare nel tempo innovazioni per rinnovare la propria gamma di offerte. Perché lo chiedono i clienti e perché lo fanno i concorrenti (solo i più bravi). Purtroppo, per mia esperienza, tutto ciò non è scontato. E soprattutto non è detto che un'innovazione avrà successo solo perché è nuova. Quindi qualsiasi azienda fa uscire nuovi prodotti, destinando risorse per la progettazione, produzione e distribuzione; se non lo fa, rischia di rimanere indietro e scomparire, ma se lo fa conviene capire qual è il modo migliore. È questa la necessità: comprendere quali spazi potrà avere il prodotto sul mercato, quali esigenze soddisfa, quale "vecchia" soluzione potrà sostituire, e in cosa sarà utile alle persone. In questo caso, un'indagine di mercato costituisce un punto certo da cui partire.

Come creare un mercato

Steve Jobs non seguiva il mercato, lo inventava. Seguendo l'esempio del creatore della Apple ho avvistato nuovi modi di attirare energie creative per metterle al servizio della nuova idea. Sin dall'inizio ho detto che per arrivare a completare la costruzione di un'impresa bisogna passare per lo sviluppo di un progetto generato da un'idea di business.

Per realizzare questi passaggi è fondamentale analizzare i dati inerenti all'indagine di mercato, così da comprendere in maniera univoca a chi vendere e in quale maniera. Stiamo analizzando un settore di mercato conosciuto. La prima cosa che faccio è osservare come si comportano i principali e potenziali *competitor* dal punto di vista della strategia commerciale. Ossia, come vendono. Puoi essere certo che ci sono due strategie: la prima è legata solamente al prezzo di vendita del bene e la seconda si basa principalmente sul vendere in grossa quantità. Possono anche essere applicate contemporaneamente. Le compagnie della telefonia mobile competono continuamente per le tariffe degli sms, delle chiamate e della navigazione in Internet, miscelando in continuazione prodotti molto simili tra loro.

In questo segmento, le compagnie ignorano quasi completamente cosa fa l'altro, pensando che le proprie offerte non siano in competizione con le altre. Cosa succede poi nella realtà? Succede che passiamo da una compagnia a un'altra, a volte rinunciando a servizi inutili e quindi a vantaggio di un prodotto di minor costo; ma può capitare che siamo disposti a pagare di più per qualcosa che ha un valore superiore.

Ora che ho scoperto le strategie degli altri, mi concentro solo sui motivi chiave per cui il consumatore passa da una compagnia telefonica a un'altra. Questo accade quando ci si imbatte in un mercato piatto e molto competitivo: la maggior parte sono così. Parto proprio da qui per capire il mio elemento unico, quello che mi distingue da tutti gli altri. Detto ciò, scopro in che modo funziona il processo di acquisto dei miei potenziali clienti. In particolar modo, verifico cosa avviene tra le seguenti figure: condizionatore, compratore e utilizzatore. Spesso non vengono distinti ma ognuno di loro svolge un ruolo fondamentale nella fase di acquisto di un prodotto. Ad esempio, se voglio vendere l'ultima console portatile con il nuovo game, devo fare leva sui bambini o sui ragazzi. Questi ultimi sono gli *influenzatori* dei genitori che poi acquistano il prodotto (*compratori*); del gioco beneficiano i figli. Come si nota, le figure possono sovrapporsi.

È bene tenere presente che se faccio una campagna pubblicitaria, il mio messaggio devo rivolgerlo ai ragazzi e non ai genitori. La mia strategia cambia di molto. Pertanto, per un prodotto innovativo, a chi mi rivolgo? Infine, come posso aggiungere valore con servizi accessori?

Se mi reco allo stadio per vedere la partita della mia squadra del cuore, oltre a trovare un parcheggio riservato e custodito per i tifosi mi piacerebbe trovare una zona baby-sitter per i miei bimbi e magari un centro commerciale con tanti negozi in cui mia moglie può girare liberamente per novanta minuti. È un servizio per tutta la famiglia, costruito intorno a una squadra di calcio. In Italia, la Juventus F.C. (http://www.juventus.com) ha creato tutto questo insieme a un museo della squadra, a visite guidate dello stadio e a merchandising: tutti servizi accessori che aggiungono valore.

SEGRETO n. 3: i prodotti e/o servizi accessori sono un ottimo modo per dare un valore *unico* a quello principale, e per distinguersi dagli altri.

Inoltre, chi sono i tuoi competitor nel momento in cui viene utilizzato il tuo prodotto? Ovvero, durante la partita "il potenziale tifoso" cos'altro potrebbe fare in alternativa allo stadio? Pay TV, ristorante, palestra, shopping, famiglia, mare, cinema? Tra questi possiamo evidenziare chi in maniera diversa fornisce un prodotto similare. La Pay TV trasmette partite di calcio, ad esempio. Anche il ristorante potrebbe farlo, così com'è possibile fare pesi nella sala di una palestra in cui c'è una TV che trasmette l'incontro di cartello.

Lo shopping, il mare o il cinema sono invece "prodotti" completamente diversi, ma in grado di far migrare il tifoso verso un'altra attività. In questo modo, vedo e definisco i miei potenziali competitor e quali accessori possono aggiungere valore al mio prodotto, trovando soprattutto la ragione per cui il cliente dovrebbe scegliermi in maniera chiara e unica.

Il mio obiettivo è portare nello stadio i turisti della domenica che vanno al mare, fanno shopping o vanno al cinema. L'impegno è rivolto a questi profili prima ancora che ai potenziali clienti, e questo mi permette da subito di pensare a come estendere la domanda trovando il punto di contatto: la partita! Evito i soliti discorsi di segmentazione della domanda. *I think different.* La parola d'ordine è *desegmentazione.*

SEGRETO n. 4: individua con precisione *temporale* quale prodotto o servizio alternativo utilizza il potenziale cliente a svantaggio del tuo.

Se espando la conoscenza del macroscenario a livello internazionale, posso comprendere avvenimenti e tendenze che a livello economico possono evidenziare punti di sviluppo o di debolezza. Politica, cambiamenti sociali, aspetti legislativi e andamento economico possono modificare l'assetto di un'impresa. Tutti questi dati fanno sì che mi orienti anche all'individuazione della location ideale per la concretizzazione del prodotto o servizio, tenendo conto delle varie crisi finanziarie di determinati stati o di paesi emergenti.

Il passo successivo è approfondire la competenza nel settore e conoscere gli eventuali cambiamenti in atto. Opero in un settore economico in cui c'è stabilità? Oppure è facilmente influenzabile da fattori esterni quali la politica, la società o i provvedimenti legislativi? Ecco che posso prevedere anche mutamenti nella capacità di acquisto, modalità e preferenze d'uso oltre a capire in che modo la società stessa si trasforma, individuando le criticità.

Trattasi di fattori che possono influenzare settori legati alle nuove tecnologie. Pertanto, opero in un mercato di tipo tradizionale o innovativo? Il settore vive un momento di lancio, di sviluppo, di maturità o di declino? E ancora, la domanda attuale è di tipo mondiale, europeo, italiano, regionale o di zona? Infine, come si è evoluta negli ultimi anni e cosa si nota dalle serie storiche? È possibile definire le tendenze future e le possibili evoluzioni della domanda del prodotto? Con tutte queste risposte, sono in grado di vedere molto chiaramente come nasce la mia nuova International Company e su quali pilastri si basa:

- gamma del prodotto;
- qualità;
- prezzo al pubblico;
- marchio adeguato alla gamma e alla qualità dei prodotti.

A questo punto imposto la strategia di marketing adeguata, tenendo conto di tre elementi distintivi:

- profilo del consumatore: informazioni demografiche (sesso, età, città), economiche (disponibilità economica, consumo o risparmio), socio-culturali (istruzione, interessi ecc.);
- comportamento di acquisto e consumo: motivazioni, frequenza, fedeltà, livello di conoscenza del prodotto;
- ricerca di un beneficio: aspettative su un risparmio economico, immagine o valore simbolico.

Individuato l'elemento principale che identifica il mio cliente, passerò a verificare quanto un profilo del genere sia attratto dal mio prodotto. Individuerò così il target su cui dovrò focalizzarmi con azioni di acquisizione e fidelizzazione.

Attenzione però, bisogna distinguere attentamente le attività di tipo B2B (business to business) dalle B2C (business to consumer). Le distinguo perché sono due modelli profondamente diversi. In ballo ci sono numero di dipendenti e volume annuale delle vendite, oltre alla posizione e alla stabilità dell'azienda. In base a questa distinzione passo a definire il modo in cui avviene l'acquisto: stagionalmente, a livello locale oppure in volume e faccio leva su chi prende le decisioni. È importante notare che le imprese, a differenza dei privati, acquistano prodotti o servizi per tre motivi unici:

- per aumentare le entrate;
- per mantenere la posizione di mercato;
- per diminuire le spese.

Quando soddisfo una o più di queste esigenze aziendali, significa che ho trovato un target di mercato interessante. Non sarebbe bello avere un'azienda internazionale che produca utili e priva di concorrenza? È proprio quello che accade nel momento in cui *creo* il mercato invece di seguirlo. Senza regole, senza farsi rinchiudere per non cadere nella battaglia del prezzo per conquistare una fetta di mercato, lo invento. Sono io a dettare le regole e non ho alcuna concorrenza (almeno all'inizio) finché non sarà necessaria un'ulteriore innovazione.

Ricordo che non c'è bisogno di inventare ogni volta un nuovo prodotto, perché è possibile fare innovazione anche ristrutturando modelli già noti, intervenendo sul prodotto esistente, sulla distribuzione, sulla tecnologia, sull'organizzazione, sul processo o sulla struttura. In ogni caso devo dare un *valore* che sia percepito e apprezzato dal cliente.

RIEPILOGO DEL CAPITOLO 1:

- SEGRETO n. 1: la scelta di una o più classi di innovazione è il punto di partenza per affrontare l'apertura di una International Company basata su una nuova idea.
- SEGRETO n. 2: non è possibile valutare un'idea, mentre è possibile valutare un progetto completo e dettagliato. Questo è fondamentale anche per i potenziali investitori.
- SEGRETO n. 3: i prodotti e/o i servizi accessori sono un ottimo modo per dare un valore *unico* a quello principale, e per distinguersi dagli altri.
- SEGRETO n. 4: individua con precisione *temporale* quale prodotto o servizio alternativo utilizza il potenziale cliente a svantaggio del tuo.

CAPITOLO 2:

Come creare strategie di successo

Per definire bene il progetto dell'intera impresa, parto dalla considerazione di tre punti che ritengo strategici per il futuro dell'impresa stessa:

- che cosa vendo;
- a chi e in che modo lo voglio fare;
- come organizzare l'intero processo aziendale.

È un cocktail in cui i vari ingredienti vanno mixati nelle dosi ottimali; qui lo faccio in base agli obiettivi e alle risorse disponibili e attivabili (le vedremo tra poco). Tutto questo ha senso soprattutto quando devo andare a individuare:

- la gamma dei miei prodotti e servizi;
- il livello di qualità degli stessi;
- la *desegmentazione* della clientela;
- le strategie di marketing;
- le dimensioni dell'attività;

- le attrezzature e gli eventuali impianti necessari alla produzione;
- le materie prime;
- la location ideale dell'attività;
- l'organico delle risorse umane.

L'imprenditore e la sua storia

Ogni volta che mi avvicino a una nuova idea di business, mi chiedo se il mio profilo è adatto e se sono in grado di essere innovativo nei confronti di questo progetto in maniera tale da ottenere dei risultati eccezionali con questa nuova modalità di business. La New Company deve autofinanziarsi, generando profitto; la diretta conseguenza è il consolidamento del patrimonio che permette uno sviluppo ulteriore.

Pertanto, sono la persona giusta al posto e al momento giusto? Sono la persona adeguata per il talento che possiedo? Sono il più adatto in base al mio percorso di studi e formazione? Per ogni attività innovativa che prendo in considerazione, rispondo con piena trasparenza a tutte queste domande. Tutto questo per verificare la compatibilità del mio profilo e di tutte le persone coinvolte rispetto alla nuova opportunità. Le basi sono le varie esperienze formative e lavorative: attraverso le stesse passa il successo di un progetto (e per successo intendo la capacità di far accadere le cose). Per me esperienza significa condividere con i partecipanti al progetto momenti di confronto e dialogo. Qual è l'obiettivo, il sogno della nuova azienda?

Definire chiaramente una *mission* e una *vision* permette di avere una meta da raggiungere guardando costantemente la bussola. Trasferire mission e vision a tutte le risorse umane, condividere con loro i valori aziendali diventa uno strumento molto efficace per identificare la mission e la vision dell'azienda. L'allineamento tra i valori aziendali e i valori di ogni persona permetterà in maniera del tutto naturale di attirare i talenti adatti a creare un team unito.

Risorse: disponibili o attivabili

Ecco perché non esiste una sola formula magica, piuttosto c'è sempre quella più adatta all'imprenditore sulla base degli obiettivi e delle risorse che ha a disposizione o a quelle attivabili. Solo adesso si può scegliere, tra le tante opzioni possibili, quelle più efficaci e coerenti. Perché parlo di risorse attivabili? Semplicemente perché sono quelle da trovare (sia quelle finanziarie che di organico, e tutto il resto) per la realizzazione del sistema che ho considerato. Dico sempre che le risorse più importanti, quelle fondamentali che generano qualità, sono le risorse umane. Non solo quelle interne all'azienda, ma per *risorse* intendo anche i *clienti.* La gestione di questo patrimonio è a vantaggio del cliente, ricordati però che tutto parte con la missione aziendale.

SEGRETO n. 5: utilizza le risorse (umane, temporali o economiche) di cui disponi; attivati per trovare tutte le altre per creare una Company di successo.

Dall'idea al prodotto: individuazione della gamma

Uno dei momenti più eccitanti è quello in cui l'idea innovativa *si trasforma* in un prodotto o servizio *unico*. Individuare la gamma dei prodotti è di volta in volta un'operazione non facile, ma mi viene in soccorso ciò che ho già definito in precedenza, ossia a quale clientela mi rivolgo e quali bisogni soddisfo? E ora, quanto è disposto a spendere il consumatore?

Vi svelo quali sono le caratteristiche che ogni singolo prodotto possiede:

- grado di innovazione;
- tecnologia utilizzata;
- livello di qualità;
- brand;
- design e stile;
- packaging;
- dimensioni;
- costi di produzione;
- valore percepito dal cliente;
- valore commerciale;
- ciclo di vita;
- garanzia;
- servizi aggiuntivi *pre* e *post* vendita.

L'insieme di tutte queste *uniche* caratteristiche rappresenta il prodotto e/o servizio; ora sono pronto per determinare cosa contraddistingue la futura International Company. L'insieme di tutti i prodotti e servizi rappresenta la gamma dell'impresa. Prima di dirvi come sceglierla, voglio precisare che in questa fase determino i prodotti che costituiscono il *core business* dell'azienda, e li distinguo da quelli "accessori". Questa distinzione è necessaria poiché i prodotti principali rappresentano la fonte di guadagno maggiore e quindi permettono una redditività maggiore.

In molti casi, i prodotti del *core business* riescono a coprire una fetta di mercato molto grande, ed è proprio per questo che sono determinanti in termini di fatturato. Pongo molta attenzione anche ai prodotti accessori, dato che non sono un semplice completamento della gamma ma danno grande valore a tutto il resto. Inoltre mi portano personalità e caratteristiche particolari tanto da differenziarmi facilmente, rendendo molto più agevole la fidelizzazione della mia clientela. Ora passo a determinare la gamma. Quali sono i punti principali che tengo sempre in considerazione in questa fase?

Come prima cosa, tramite l'indagine di mercato precedente riprendo in considerazione il numero dei potenziali clienti. In seconda battuta, mi chiedo quale tipo di preparazione professionale è necessaria per la produzione e gestione dei prodotti, e quali conoscenze tecniche sono indispensabili. Terzo punto, devo conoscere alla perfezione i prodotti della concorrenza più simili ai miei, come vengono prodotti, distribuiti e quale modello commerciale utilizzano. Per una comprensione totale, faccio sempre acquisti (quando possibile) di tali prodotti per testare l'intera filiera e controllare anche il funzionamento del servizio clienti. Ultimo punto, definisco la dimensione necessaria per gestire l'intera struttura e quindi l'organizzazione della società nascente.

Ora fisso il numero di prodotti da immettere sul mercato e soprattutto il numero di modelli per ogni prodotto. Questo vuol dire che conosco l'ampiezza e la profondità dei prodotti. In base alle caratteristiche uniche dell'International Company posso applicare una strategia adeguata per costruire una gamma più o meno ampia. È chiaro che nel primo caso andrò a coprire una porzione di mercato molto grande; al contrario, nel secondo caso mi dedico a una fetta più ristretta.

Questa distinzione crea i presupposti per il prezzo di vendita. Solitamente per una porzione di mercato più ampia si tiene in considerazione un prezzo competitivo, senza mai dimenticare il rapporto qualità/prezzo. Attenzione: il modello di business può prevedere volutamente prodotti di bassa qualità, l'importante è che questa sia una scelta congrua al sistema, coerente con l'idea dell'imprenditore e della Company stessa. Se parliamo di prodotti di nicchia, nella maggior parte dei casi il *target* di riferimento è più propenso a spendere, a investire su tali prodotti.

La strategia di cui parlo mi guida in maniera chiara nella scelta dei prodotti migliori utili al mercato e quindi ai clienti. Tra i momenti più importanti, sicuramente metto al primissimo posto la comprensione del valore del mio prodotto e come esso è percepito dal mercato. In altre parole, che tipo di prezzo il mio cliente è disposto a spendere in funzione del valore che lui stesso riconosce per quel prodotto? Lo dico chiaramente, nella maggior parte dei casi ci innamoriamo pazzamente del prodotto dandogli un valore più grande rispetto a quello che gli darebbe il resto del mondo.

Sicuramente il condizionamento è anche emozionale. Oppure, può capitare di non aver trasferito bene i benefici che il prodotto innovativo può dare. Quindi attenzione, perché il valore percepito non sempre è adeguato rispetto al valore reale del prodotto stesso. Un errore in questa fase può pregiudicare un'intera campagna commerciale se un prodotto viene inserito nel mercato con un prezzo troppo alto. Anche se è troppo basso potrebbe creare dei problemi. In ogni caso è a rischio l'intera impresa.

SEGRETO n. 6: il valore percepito del prodotto (compreso quello accessorio) è la chiave per definire il prezzo di vendita al pubblico.

Parte della strategia mi aiuta a individuare il prezzo di vendita al pubblico del prodotto con le relative modalità di pagamento. In più prendo in considerazione anche un modello di vendita che possa dare offerte e sconti particolari applicando sempre i principi di scarsità e di tempo. Le promozioni sono in base ai miei prodotti, al mio obiettivo di vendita e al mio potenziale cliente. In funzione dei prodotti, scelgo il miglior canale di distribuzione, che è legato indissolubilmente al mercato che ho preso in considerazione sin dall'inizio. Molto spesso è funzionale utilizzare più canali distributivi magari legati a offerte diverse. La parte strategica aiuta a capire quali sono gli strumenti da utilizzare. Pertanto, approvvigionamento delle materie prime, produzione, vendita, erogazione dei servizi sono fasi di gestione della Company. Le materie prime influenzano gli standard di qualità dei prodotti finiti; i costi di acquisto determinano parzialmente il prezzo di vendita finale. Ovviamente ho citato il caso in cui produco qualcosa. Il concetto è similare, ad esempio, se fornisco servizi o se faccio il conto vendita.

Ritorna prepotente il discorso delle dimensioni necessarie per l'organizzazione e quindi delle risorse umane, temporali ed economiche, necessarie al conseguimento dell'obiettivo di vendita. Compresa la migliore dimensione, in base alle caratteristiche uniche posso facilmente individuare di cosa ho bisogno per completare la parte "fisica" della mia azienda.

Per esempio, comincio a valutare quali impianti e attrezzature sono basilari per la produzione dei beni. Che tipo di locali (in termini di dimensione, di utilizzo ecc.) sono necessari. Qui suggerisco di scegliere prima le attrezzature e poi l'intera struttura; meglio farsi trovare pronti in caso fosse opportuno ricorrere a degli ampliamenti del complesso in modo da evitare costosi traslochi. Ma come scelgo la sede ideale? Essa ha un ruolo fondamentale, dato che scelgo sia in base allo scenario nazionale che internazionale. Affronteremo la questione in maniera dettagliata nei capitoli successivi.

Le risorse umane rappresentano quasi sempre una delle voci più importanti di una società. Il personale dipende dal fatturato ipotizzato, ampiezza della gamma prodotti e relativa organizzazione dell'attività. Proprio per questo tendo sempre a distinguere le caratteristiche principali della realtà internazionale. Le divido così:

- azienda specializzata nella produzione;
- azienda commerciale;
- azienda di servizi.

La distinzione si rende necessaria perché cambia il modello di gestione, e più specificatamente se costruisco un'impresa che produce fisicamente un prodotto o magari ne trasforma uno esistente. In questi casi, prevedo l'approvvigionamento di materie prime adeguate. Completamente diverso è il discorso se sviluppo una realtà di tipo commerciale: il modello di business prevederà la compravendita di prodotti ai quali andrò ad aggiungere la mia innovazione per renderli ovviamente unici. Per esempio, un servizio distributivo mai visto, un processo di acquisto speciale o un servizio post-vendita particolare.

Le aziende specializzate in servizi hanno come obiettivo principale la diffusione del proprio *know-how* a beneficio dei propri clienti. Quindi, occorre essere esperti e competenti in un settore specifico; elemento fondamentale è aver ottenuto successo in quel ramo. E per successo intendo la capacità di far accadere le cose. Un successo dimostrabile, oggettivo, che abbia donato benessere anche a tutte quelle persone che sono state parte del sistema, prima ancora di avere un prodotto vincente.

Abbiamo bisogno di due cose per creare uno *start up* di successo:

- riconoscere e arruolare talenti per donare ai clienti qualcosa di realmente unico, spendendo il giusto;
- avere un'idea di business e offrire alle persone un valore più grande di quello esistente. Semplice e utilizzabile.

Per esempio, la strategia di Google fu quella di creare un sito di ricerca molto semplice. I suoi fondatori avevano tre obiettivi: indicizzare maggiormente le pagine nel web, utilizzare i collegamenti esistenti e classificare i risultati della ricerca ottenuti. Soprattutto, erano decisi a fare uno strumento facile da usare. Senza dubbio ci sono grandi accorgimenti tecnici all'interno di Google, ma il piano generale era semplice. Probabilmente in questo momento il team di Google sta sviluppando altri progetti, ma solo questo fattura un miliardo di dollari l'anno.

Come dicevo all'inizio del corso, l'idea di base può e deve trasformarsi nel tempo; proprio per questo gli *start up* cambiano i loro piani di business previsti. È un passaggio che ritengo fisiologico e assolutamente necessario, aggiungo *non trasferibile.*

Le *innovative business ideas* non sono qualcosa che si può consegnare a qualcun altro in maniera tale che possano essere portate a termine. Ciò che conta davvero non sono le idee, ma le persone che le hanno. Ricordi la *mission* di prima? Solo dopo aver definito strategicamente il progetto, compresa la gamma dei prodotti con le relative strategie di marketing, le materie prime, la location e le risorse umane, posso valutare una stima del valore d'impresa.

Come definire il valore di un'impresa

Secondo te, quand'è che un'impresa può essere definita "di successo"? Ricordo che per *successo* intendo la capacità di far accadere le cose. Diciamo che l'impresa ha quasi sempre finalità economiche, per cui possiamo definirla vincente quando il proprio valore economico cresce a tal punto da portare benefici all'imprenditore e all'investitore.

Ti dirò di più, per la definizione del "valore della nuova impresa" aggiungo la capacità di saper gestire un corretto *cash flow*, basato ovviamente sulla vendita dei prodotti. E ancora, l'esistenza di prodotti brevettati, con un *brand* riconosciuto sul mercato. Prodotti che si trovano nella fase iniziale del ciclo della propria vita. La gestione delle risorse umane con talenti unici. Prodotti che in linea di massima non superano il 20% di vendite per ciascuno. E ancora, tipologie di clienti che non vanno oltre il 10% di fatturato.

Ovviamente ci sono fattori cui bisogna fare particolarmente attenzione, poiché potrebbero rappresentare eventuali punti di criticità, quali la proprietà intellettuale, il prototipo, il brevetto e il relativo modello di utilità. Trovato il prodotto, è ovviamente indispensabile inquadrare la proprietà intellettuale, le invenzioni e i modelli industriali così come i marchi d'impresa.

È necessario seguire ogni passaggio della contrattualistica relativa ai diritti di proprietà industriali con il supporto di un'assistenza tecnica e legale; lo stesso vale per questioni di concorrenza, di accertamento, di contraffazione dei predetti diritti, avvalendosi anche del contributo di legali italiani ed esteri, esperti nel campo del diritto industriale.

Quando un'idea di business si definisce *innovativa* va protetta in maniera assoluta? Premetto che portare avanti un'iniziativa di business con una mentalità di chiusura che preservi la propria creazione potrebbe facilmente rimanere sullo "scaffale" senza che nessuno bussi alla porta. Esperienza personale. Preferisco avere un approccio del tipo *open innovation*, grazie al quale anche strategie imprenditoriali alternative possono beneficiare di conoscenze altrui. Credo davvero che la proprietà intellettuale sia fondamentale nel concetto di open innovation.

Sappiamo tutti che la gestione della proprietà intellettuale passa per l'applicazione di brevetti, marchi e diritti d'autore; ma quanto è difficile quotidianamente mantenere segreta la conoscenza, il *know-how*? Controllare la proprietà intellettuale, secondo la filosofia della *closed innovation*, significa essenzialmente escludere dai benefici di una propria scoperta le altre imprese. Vista così, la proprietà intellettuale è un sottoprodotto dell'innovazione con funzioni essenzialmente difensive.

Preferisco creare imprese che seguano un modello aperto di innovazione, che abbiano la forza di curare e far crescere la loro proprietà intellettuale in maniera attiva. Traggo profitto dalla proprietà intellettuale quando altre imprese con modelli di business differenti richiedono quell'innovazione, seguendo quindi percorsi esterni sul mercato delle idee. Genero un *passive income*. In questo modo partner esterni possono utilizzare la tecnologia in cambio del pagamento di diritti di produzione, le cosiddette *royalities*.

Consideriamo l'esempio di una delle più importanti Company mondiali: Apple (http://www.apple.com/). Apple concesse il brevetto dello *scrolling* sia a Nokia che a IBM. L'azienda di Cupertino fino a quel giorno non aveva mai venduto i propri brevetti perché erano considerati proprietà intellettuali da difendere (closed innovation). Quando Apple cambiò mentalità, modificando la propria strategia, vendendo a Nokia e a IBM la possibilità di inserire nei propri device lo *scrolling*, l'azienda fu pronta per condividere la propria conoscenza con tutto il mondo.

Portare in tribunale i vari competitor era un danno economico oltre che di immagine. Apple cominciò a concedere pertanto licenze ai concorrenti così da avere nuove entrate, aumentando la competizione con i vari concorrenti e donando vantaggio ai consumatori.

L'ambiente in cui nascono le idee innovative, e quindi le nuove imprese, deve essere un contesto favorevole a fare emergere i migliori talenti e non a disperderli nelle più promettenti occasioni. Come dico sempre, dalla condivisione dei pensieri nascono le idee migliori.

SEGRETO n. 7: metti a disposizione del mondo le tue conoscenze per aumentare la competitività dei mercati a beneficio delle persone.

RIEPILOGO DEL CAPITOLO 2:

- SEGRETO n. 5: utilizza le risorse (umane, temporali o economiche) di cui disponi; attivati per trovare tutte le altre per creare una Company di successo.
- SEGRETO n. 6: il valore percepito del prodotto (compreso quello accessorio) è la chiave per definire il prezzo di vendita al pubblico.
- SEGRETO n. 7: metti a disposizione del mondo le tue conoscenze per aumentare la competitività dei mercati a beneficio delle persone.

CAPITOLO 3:

Il cambiamento come un'opportunità

Ti è mai successo di estraniarti da tutto il mondo per avere un tuo spazio intimo di riflessione? Vorrei che in questo momento provassi ancora questa emozione e mi piacerebbe che ti rendessi conto da quanto tempo non ti succedeva di avere un momento di questo tipo. Quindi concentra la tua attenzione su quei pensieri, solo tuoi, diventando sempre più consapevole di quanto siano piacevoli le riflessioni che ti regalano tali emozioni.

Vorrei che ricordassi un momento del passato nel quale ti sei preso il tuo spazio per regalarti questi sentimenti. A me sta succedendo in questo periodo, ed è per questo che ho deciso di scrivere questo corso. In questo distacco ho percepito dei cambiamenti intorno a me e non solo.

La percezione è proprio quella del mutamento, mi ritorna alla mente tutte le volte in cui è avvenuto e quali conseguenze ci sono state. Fa parte della vita di ognuno, questo è certo. Noi ci trasformiamo e tutto muta intorno a noi, più o meno velocemente, e comunque in maniera inesorabile. Il cambiamento è obbligatorio, la crescita no. Questo accade perché ogni modifica rappresenta metaforicamente una morte, in maniera del tutto inconsapevole e naturale. Faremmo di tutto per non far morire quella cosa che per noi è un punto fisso, un riferimento certo e sicuro.

Una connessione che ci ha fatto guardare al futuro sotto una sola prospettiva e che adesso fa vedere tutto più incerto e pieno di paure. Queste paure ci frenano facendo una grande resistenza, affinché la nostra vita rimanga la stessa, lasciandoci nella "zona di comfort". Quindi gli affetti, la professione, lo stato economico, tutto è gestito dalle nostre paure che ci controllano in gran parte per tenerci in uno stato di assoluta sicurezza. Ed è proprio l'illusione più grande!

Ogni cambiamento ha un motivo logico oppure no, a volte non riusciamo a dargli una giustificazione ma anche per i fatti più dolorosi della vita rimaniamo consapevoli che è dolorosa la visione che noi diamo al cambiamento piuttosto che il cambiamento in sé. Facciamoci guidare dalle sensazioni del cuore ed evitiamo di farci controllare dalle paure della mente. Fidiamoci più di noi stessi, altrimenti il cambiamento non sarà una crescita ma una perdita di qualcosa di prezioso, e basta.

Se dovrà esserci una perdita sarà perché la vita ci vorrà donare altro, di più adatto a noi, che ci porterà altra felicità, specialmente se saremo pronti a coglierla. Seguiamo il flusso della vita, perché ogni cosa si trova in uno stato di evoluzione perenne. In base al nostro approccio mentale, a come parliamo e agiamo, stiamo attirando il successo o lo stiamo allontanando.

La storia ci dice che il cambiamento è alla base dell'evoluzione dell'uomo. Le scoperte, la tecnologia, l'arte, le guerre e tutto il resto. Mi rendo conto che i cambiamenti possono anche portare dolore, ma proprio da qui passa la felicità. L'appagamento è più profondo, ma soprattutto vero e stabile. Nel momento delle decisioni si costruisce la nostra strada, evitiamo di dare subito interpretazioni e giudizi che possano influenzare la nostra scelta, perché ciò che veramente è amaro e angosciante è proprio il valore e il giudizio che diamo ai fatti. Il cambiamento per me non è né giusto né cattivo; è solo un'azione che porta dei risultati o delle conseguenze. L'effetto non lo conosceremo mai finché non si verificherà. Evitiamo pertanto di giudicare, valutando tutte le eventuali possibilità e dicendo «Sì» alle possibilità che la vita e gli affari ci presentano.

SEGRETO n. 8: per ottenere successo in una nuova realtà imprenditoriale è necessario essere consapevoli che la causa di un evento è sempre nascosta, mentre l'effetto è visibile a tutti solo in un secondo momento.

Quante volte ti è successo di dire che quell'avvenimento era a prima vista una disgrazia, e si è poi rivelato una benedizione? Non esistono situazioni negative ma solo opportunità di crescita che siamo liberi di cogliere o no. Se le faremo nostre, diventeremo consapevoli; al contrario la vita ci metterà dinnanzi a prove simili da affrontare. Ti è mai successo di dover pensare a situazioni passate, e di esserti chiesto a distanza di tempo: «Se avessi preso quella decisione, oggi avrei ottenuto altri risultati?» Questo modello di pensiero è molto pericoloso, perché ci ancora al passato, tanto da farci perdere di vista il famoso "treno delle opportunità" che la vita ha fatto partire solo per noi. È proprio il "non salire" che provoca rimpianti e rimorsi. Tutte queste emozioni negative sono il sintomo del fatto che non siamo riusciti a lasciare andare completamente il passato; per mantenere questo stato si utilizzano tante energie, fino ad arrivare allo sfinimento mentale e fisico.

Quando mi accade, mi ricarico entrando in uno stato di gratitudine. Omaggio con pensieri positivi tutti quei momenti e quelle persone che nella vita mi hanno regalato gioia e amore, facendomi guidare solo dalle emozioni del cuore. Impariamo a lasciarci alle spalle con amore ciò che è stato e che non è più.

Devi diventare il cambiamento che vuoi vedere (Gandhi).

Per ogni nuova idea di business, è importante avere un approccio spirituale perché solo la mente e le capacità tecniche non sono sufficienti. Mettiamo l'amore in ciò che facciamo, il successo dipende anche da questo. Il mio viaggio di crescita professionale mi ha permesso di esplorare in profondità una parte di me, guardando la verità. Spesso la verità su noi stessi crea una forma di disagio e vorremmo negarla sino ad allontanarla. Per me è una grande sfida! Se vuoi raggiungere mete a livello materiale, economico o sociale, il percorso è molto più complesso senza una contemporanea crescita interiore.

La mente, d'altra parte, è lo strumento più potente e i pensieri che facciamo indicano il punto di arrivo. Ecco perché ho voluto usare la metafora del viaggio come un cambiamento per fare qualcosa di positivo. Via via che mi impegno a superare gli ostacoli, mi sento più sereno, riesco a lavorare in modo più efficiente, maturando sempre nuovi interessi per la vita. Con questo atteggiamento imparo a organizzare la mente in funzione dei miei obiettivi, coltivando la fiducia attraverso lo sviluppo di nuovi processi di pensiero che si traducono in felicità.

Tutto mi serve per andare, in modo misterioso e perfetto, verso la meta che voglio raggiungere. Spinto dalla curiosità di scoprire chi sono e che cosa non stavo vivendo, ho deciso di mettermi in gioco. Per molto tempo sono stato testimone del cercare; ora sono convinto che colui che sta cercando la verità è già pronto per trovare quello che realmente gli manca, e per smettere di cercare al di fuori di se stesso.

I maestri zen raccontano di questa consapevolezza, di come possa arrivare improvvisamente e in circostanze casuali. L'uomo nuovo è dentro e combatte per salire a galla, ma è più facile non ascoltare per rimandare il momento del cambiamento. Così è stato per me, la ricerca è stata silenziosa come questo viaggio, ben pochi se ne sono accorti! Per tutti arriva il momento di staccarsi consapevolmente dalle nostre credenze limitanti.

Come è la stirpe delle foglie, così quella degli uomini
le foglie il vento le riversa per terra e altre la selva
fiorendo ne genera, quando torna la primavera;
così le stirpi degli uomini, l'una cresce e l'altra declina.

Così Glauco parlava a Diomede nell'*Iliade*. La foglia non cade per terra per morire, ma per rinascere. Rinascerà in primavera sotto forma di nuovo seme ma prima la foglia deve staccarsi, affrontando il disagio e il dolore emotivo.

Possiamo ottenere felicità e profitti?

Spesso mi sono imbattuto in questa domanda. Per me la risposta è assolutamente sì, se sviluppiamo una società che punti a mettere le persone al primo posto, al centro dei valori fondamentali. Soliti discorsi. Intanto lo dimostro.

Quando è scoppiata la crisi finanziaria, gli investitori di tutto il mondo (stavolta non cito le aziende) volevano indietro i loro soldi. La visione aziendale era convenzionale e poco incentrata sulle persone. Prima la redditività e i profitti e poi valore agli investitori. L'atteggiamento dominante era quello di spendere meno tempo a preoccuparsi della felicità delle persone e più tempo a fare denaro. Sappiamo tutti com'è finita.

Tony Hsieh invece ha venduto Zappos (http://www.zappos.com/) ad Amazon senza cambiare la filosofia aziendale, e concentrandosi contemporaneamente sui profitti e sulla crescita delle persone. Nel primo trimestre del 2010, le vendite nette a Zappos sono cresciute di quasi il 50%, tanto da assumere cento nuovi dipendenti. Pensare in grande. Quanto più si cerca di cogliere, tante più possibilità si hanno di ricevere. Cos'ha reso la filosofia Zappos così unica? Sicuramente i valori fondamentali forti e radicati che hanno fatto crescere una cultura d'impresa e di conseguenza di brand abbinato a strategie di business azzeccate.

SEGRETO n. 9: raggiungi la tua felicità concentrandoti contemporaneamente sull'aspetto professionale e su quello personale.

Ecco i valori che mi accompagnano nella creazione di nuove imprese:

- avere un prodotto o un servizio unico a beneficio di tante persone;
- dare benessere tramite l'innovazione;
- creare con una mentalità aperta;
- perseguire costantemente la crescita e l'apprendimento;
- costruire relazioni aperte;
- coltivare passione e determinazione;
- costruire un team di talenti con spirito di famiglia.

Qualcuno ha partorito una nuova idea grazie a un'invenzione? Oppure un modo innovativo di fare qualcosa che permetterà di aumentare la produttività e creare nuovi posti di lavoro? Generare grandi profitti per la Company e i clienti? Questo è il talento per me. Profili di cui si ha bisogno per competere sul mercato globale e mantenere accesa la voglia di migliorare. Queste persone sono l'avanguardia del futuro.

Di fatto, il progresso è sempre stato stimolato da innovatori. È noto a tutti che non sono le grandi aziende a creare le invenzioni che rivoluzionano le nostre vite. Lo confermava Alexander Fleming (http://en.wikipedia.org/wiki/Alexander_Fleming): «È sempre un singolo individuo a compiere i primi progressi in una determinata materia. I dettagli possono essere elaborati in gruppo, ma l'intuizione originaria è sempre dovuta all'iniziativa, al ragionamento e all'intuizione di un singolo individuo». Gli innovatori sono la linfa vitale dell'economia.

Questo corso vuole essere uno strumento di confronto e d'indagine ulteriore verso la realizzazione di nuove realtà di business e nuove realtà umane, socialmente utili. Esplorare nuove frontiere per le imprese. In un ambiente globale in rapida evoluzione, le aziende rappresentano un cambiamento evolutivo.

Catalizzatori per la creazione di una civiltà sostenibile attraverso la promozione economica.

Un proverbio cinese dice che «Se non cambiamo direzione, è probabile che arriviamo dove stiamo andando»! La società contemporanea e il mondo imprenditoriale sono inseparabili. Ma lo sono tutti gli esseri umani del pianeta. Dal punto di vista delle relazioni, gli individui e gli ambienti in cui viviamo e operiamo sono inestricabilmente interconnessi in una complessa rete di relazioni reciprocamente influenti. Tale consapevolezza si riflette sul funzionamento del mondo degli affari. A proposito di business: «È una giungla là fuori», una delle metafore più diffusa nel mondo degli affari: la visione darwiniana della sopravvivenza, per cui la regola è uccidere o essere uccisi.

Ma questa metafora si basa su premesse che reputo inesatte; il mio talento personale consiste nel mettere in relazione l'inventore con l'imprenditore e/o l'investitore. Mi rendo conto che l'affermazione precedente secondo me non è così. Dimostro che la cooperazione è un elemento essenziale della strategia di business, e la metafora della giungla ignora completamente questo fatto, che personalmente reputo strettamente legato. Nella metafora della giungla la concezione del business è una guerra e il mercato un campo di battaglia.

Oggi c'è bisogno di offrire nuove prospettive che sostengono il principio collaborativo all'interno di un universo partecipativo e creativo. Introduco una variante forte che rende potente l'ecosistema di business con nuove regole di collaborazione oltre che nei rapporti di concorrenza. Sostengo che il modello tradizionale, da un punto di vista del dominio e della sconfitta dei competitor, non è più adeguato alle nuove realtà.

Non possiamo dominare il vento, ma è possibile sfruttarlo con le vele (Carlo Carotenuto).

Ogni organizzazione imprenditoriale che creo deve diventare consapevole del proprio ruolo evolutivo perché è in gioco il futuro del pianeta. L'economia è uno degli aspetti più rilevanti del contesto socio-culturale in cui opera l'azienda.

È ciò che conserva e valorizza un ecosistema ben funzionante fornendo prodotti e servizi necessari alle persone per una vita migliore. Prodotti e servizi innovativi.

Ma perché una Company deve cambiare e quindi accogliere un rinnovamento? Molto semplice:

- è attualmente inghiottita dalle fiamme di un'economia che "brucia" i ricavi. I profitti sono in calo perché i prodotti non si vendono e l'azienda non sa cosa fare;
- è appena uscita dalle fiamme di un'economia che "bruciava" ed è arrivata a capire che l'innovazione non è un punto di partenza o di arrivo ma è un'evoluzione che richiede costante attenzione;
- è un leader nel suo settore ed è determinata a rimanere tale.

In ciascuna di queste situazioni, l'innovazione ha un peso differente. Per le aziende inghiottite dalle fiamme dell'economia, l'innovazione è una reazione. La velocità è la maggiore arma del cambiamento, e spesso coinvolge la possibilità di togliere mercato ai propri competitor.

Per le organizzazioni che sono recentemente emerse da periodi difficili, l'attenzione è rivolta a successi brevi ed esse sono grate di aver trovato una certa stabilità tramite la collaborazione di uno sviluppatore di business all'interno della propria organizzazione. I giorni di insicurezza sono ancora troppo vicini per sentirsi definitivamente fuori dalla crisi.

I leader del settore hanno in genere tutto il tempo nonché i vantaggi dei flussi di cassa positivi dalla loro parte. Possono pensare strategicamente a dove sono oggi, e a dove desiderano andare in futuro. Hanno ancora bisogno di vittorie, ma possono permettersi di pensare in modo più tattico a una più ampia strategia aziendale.

Come capire il livello di innovazione cercato

Perché è così importante capire la motivazione nell'introdurre un'innovazione? Perché la leva definisce la "tolleranza d'innovazione", che a sua volta permette di comprendere meglio i criteri di successo per il progetto. Attraverso la comprensione del livello di innovazione ricercato da una realtà aziendale, diventa più facile inquadrare il tipo di risultato finale più adatto. Questo tipo di analisi consente di determinare se il progetto deve essere orientato verso la scoperta del prodotto rivoluzionario facendo un passo avanti sul mercato (pensiamo all'iPod), o se si ha di fronte un conservatore (l'iPod concorrente).

Aspetti geo-economici

Naturalmente, conoscendo la motivazione per cui una società innova con la tolleranza, ho sempre un quadro ben chiaro. Ma c'è ancora un terzo punto, ed è forse il più critico: capire l'infrastruttura politica della società e le filosofie personali di innovazione del management esecutivo. È la chiave per comprendere la disponibilità dell'organizzazione al cambiamento, e la capacità e la volontà di attuare il cambiamento. Senza questa conoscenza, può verificarsi un errore grave.

Mi è capitato di confrontarmi con un tentativo di rinnovamento di una realtà, ma i vari soci avevano visioni e priorità diverse. Dentro di me pensavo: «Qui c'è qualcosa che non quadra». La cosa migliore per il cliente è essere aperto e trasparente sulla modalità con cui vengono prese le decisioni all'interno della propria organizzazione, compresi i passati tentativi di risolvere un problema.

In realtà alcuni individui all'interno delle società cercano di sabotare lo sforzo. Resomi conto di tale situazione, posso muovermi meglio per capire come navigare nelle acque politiche con la consapevolezza che non è la realtà che fa per me. Declinato l'invito! È sempre importante, in qualsiasi situazione, lavorare verso la comprensione dell'ambiente, della cultura e della politica dell'organizzazione, e qualificare il livello di tolleranza della Company per il cambiamento.

Tutto questo richiede un'apertura e una trasparenza che è difficile da raggiungere senza la fiducia, ma che è essenziale per assicurare il successo. Senza capire dove si trova un organismo e da dove proviene, è impossibile stabilire un percorso per il futuro. Dopo aver fissato queste basi, allora si può parlare di "innovazione" che non confonde la filosofia esistente.

SEGRETO n. 10: spesso si dice che «La mappa non è il territorio»; mai come in questo caso la definizione è appropriata per comprendere quale strategia adottare.

RIEPILOGO DEL CAPITOLO 3:

- SEGRETO n. 8: per ottenere successo in una nuova realtà imprenditoriale è necessario essere consapevoli che la causa di un evento è sempre nascosta, mentre l'effetto è visibile a tutti solo in un secondo momento.
- SEGRETO n. 9: raggiungi la tua felicità concentrandoti contemporaneamente sull'aspetto professionale e su quello personale.
- SEGRETO n. 10: spesso si dice che «La mappa non è il territorio»; mai come in questo caso la definizione è appropriata per comprendere quale strategia adottare.

CAPITOLO 4:

International Business Company

Una società diventa *internazionale* quando sviluppa il proprio *business* al di fuori del paese di residenza. Pensare di rendere un'azienda internazionale significa conoscere il macroscenario oltre ai dati, gli avvenimenti e le tendenze a livello macroeconomico, perché questi influenzano in qualche modo i risultati. Possono essere alterati da accadimenti politici, per via della globalizzazione economica, oppure indotti dallo sviluppo di paesi emergenti, da crisi finanziarie e altro ancora. Le principali variabili che considero sempre con attenzione sono legate all'assetto politico e legislativo, e ai cambiamenti sociali.

Le informazioni che abbiamo raccolto in precedenza a livello di indagine di mercato devono essere ora contestualizzate al fine di capire se e in quale misura possono influenzare quantitativamente e qualitativamente la domanda e l'offerta dei prodotti e dei servizi della Company.

Esplorazione del settore

Ancora più importante è conoscere i cambiamenti in corso nel settore in cui l'impresa andrà a operare. Mi chiedo se un determinato settore sia soggetto a continui mutamenti, o se invece è relativamente stabile e poco influenzabile da fattori esterni, quali ad esempio modifiche dei provvedimenti legislativi, cambiamenti nel comportamento dei consumatori ecc. Con tale approccio si possono prevedere, infatti, mutamenti della capacità di spesa, delle preferenze, delle modalità di acquisto e uso del prodotto, della dinamicità della concorrenza.

L'analisi del settore evidenzia le opportunità che il nuovo imprenditore può cogliere e/o le minacce che possono determinare criticità per la nuova impresa. Per valutare su quali spazi di mercato posso contare è bene quindi considerare se l'impresa andrà a inserirsi in un settore tradizionale o innovativo e se il settore è in fase di immissione, di sviluppo oppure è già maturo.

Non si riesce a far vivere per sempre un prodotto, probabilmente non c'è nemmeno il motivo per farlo. I primi clienti del mio operato faranno da leva (nel caso di un'opinione positiva) per diffondere velocemente l'innovazione. Pertanto, se il nuovo prodotto risolve realmente un problema o risponde a una necessità, ho una ragione in più per credere di avere successo. Attenzione però, i "catalizzatori" di business funzionano tanto meglio se il prodotto ideato è di nicchia; in questo modo si raggiunge più velocemente una fetta di mercato contenuta.

A seconda del modello di business appena costruito, sarà significativo concentrare la ricerca di informazioni in un ambito territoriale più o meno ampio. In generale, possono essere comunque utili informazioni e dati relativi all'entità attuale della domanda dei prodotti/servizi da offrire a livello mondiale, ovviamente.

Sono decisamente significative anche le indicazioni sul modo in cui la domanda si è evoluta negli ultimi anni. Tali indicazioni si possono ricavare dall'analisi delle serie storiche. A seconda dell'attività, possono risultare più o meno utili quelle a livello territoriale (per esempio europeo, italiano, regionale, provinciale e comunale). Infine, è fondamentale conoscere e considerare le tendenze future, ossia le possibili evoluzioni della domanda dei prodotti/servizi che si intende offrire. Affinché le informazioni e i dati sulla domanda e sull'offerta risultino utili, l'analisi non deve limitarsi a un semplice esame dei dati e delle informazioni raccolte. Deve essere svolta in modo intelligente e critico, così da poter definire una formula imprenditoriale abbinata alla strategia di marketing.

Suggerimento: utilizza *adesso* i prodotti alternativi di cui ho parlato in precedenza per migliorare le possibilità di successo dell'impresa, così come le loro possibili evoluzioni future per adattarsi a nuove esigenze del mercato.

Quale habitat è ideale?

Così, quando creo o contribuisco a far nascere una International Business Company, la considero come un'entità che è stata concessa da un governo straniero autorizzato per condurre un'impresa di nuova costituzione. Per esempio, è possibile aprire un conto bancario a nome della Company in un paese straniero. Ci sono un certo numero di paesi nel mondo che hanno leggi che tutelano maggiormente la privacy finanziaria: Stati Uniti, Canada,

Regno Unito, Australia, Cina, e altri soggetti a una forte pressione fiscale e legale.

Con l'avvento di Internet, la piazza economica è veramente di facile acquisizione. La maggior parte delle informazioni sono date per lo più in formato digitale e possono essere accessibili da un server Internet che si trova ovunque nel mondo. Pertanto, la creazione di una International Business Company permette di gestire un'azienda e tutelare i fondi esistenti in modo sicuro e legale. Contemporaneamente, si mantiene il 100% del controllo sulle risorse umane ed economiche.

Ci sono paesi nel mondo con leggi che prendono molto sul serio la *privacy*. Le disposizioni di protezione dei beni in alcuni paesi sono estremamente forti. Molti di questi paesi sono nazioni insulari che sono diventate finanziariamente forti, offrendo un riparo sicuro in cui destinare i propri soldi. Ad esempio, una situazione di questo tipo è presente sull'isola di Nevis. Nevis è situata nel Mar dei Caraibi e si trova a un'ora di volo da Puerto Rico. Pertanto, le attività legate ai conti bancari off-shore possono essere protette dai creditori di giudizio. Molte attività operano in questo modo, parlo di farmacie online, siti Internet, giochi ecc., che proteggono i beni con una formula tax-free per entrate sui nuovi residenti. Tutto nella massima legalità e trasparenza.

SEGRETO n. 11: scegli la sede ideale per la tua International Company in funzione del mercato e delle risorse umane che puoi attivare in quel paese.

Recentemente ho osservato una realtà che sta per lanciare una società che fornisce consulenza tramite coperture assicurative. La cosa interessante e incredibile, sotto certi aspetti, è che la società è stata creata da tre persone, con sedi in tre continenti diversi e che utilizzano applicazioni che sono disponibili gratuitamente.

Ad esempio, l'azienda ha utilizzato gratuitamente il servizio di *cloud storage* Dropbox (www.dropbox.com) così come i vari Google Apps. I tre fondatori comunicano tramite Skype (io stesso utilizzo questa piattaforma da diversi anni, ogni giorno per call, conference, chiamate internazionali, è tutto free!). Sono stati in grado di costituire una società in tre diversi continenti. Così l'azienda è già internazionale. Se hai avuto esperienze professionali con imprese di grandi dimensioni (o pubbliche) non riuscirai a credere quanto sia facile creare una società che utilizza applicazioni disponibili per tutti.

Detto ciò, ecco su cosa mi baso nel decidere la location ideale per la nuova realtà internazionale. Mongolia, Zambia o Albania? Sono tutti paesi che ci precedono nella classifica della Banca Mondiale "Doing Business". È il risultato, assai realistico e deludente, dell'analisi attuale della nostra economia sulla base di dieci parametri presi a riferimento e uguali in tutti al mondo.

In sostanza la Banca Mondiale prende in esame tempi, costi e procedure per:

- avvio di un'attività economica;
- permessi per costruire;
- contratti per le forniture di energia;
- registrazione delle proprietà immobiliari;
- accesso al credito;
- tutela degli investitori e degli azionisti;
- prelievo fiscale;
- import-export;

- tutela legale;
- procedure fallimentari.

L'ultima valutazione, in base alla miscela di questi dieci fattori, evidenzia che il paese più "adatto" per intraprendere un'attività è Singapore, seguito da Hong Kong, dalla Nuova Zelanda e dagli USA. Tutte le nazioni europee, compresa l'ex Unione Sovietica, ci precedono, con l'unica eccezione della Grecia.

Esaminando i singoli parametri si nota che l'Italia è carente in sette parametri su dieci. I pesi derivano dal sistema fiscale e dalla tutela legale. Il voto peggiore lo prendiamo nella tutela giuridica dei contratti, siamo al 158° posto nel mondo. Che attrattiva può avere un paese che, al netto degli altri fattori di valutazione (costo del lavoro, infrastrutture, burocrazia, mercato del credito ecc.) non garantisce all'imprenditore straniero e italiano la tutela giuridica effettiva dei suoi interessi?

Proprio per questo è possibile scegliere in maniera consapevole. Le imprese internazionali possono essere una valida soluzione, perché intrattengono attività con l'estero e le gestiscono tramite uno specifico "ufficio estero", ove è collocato personale specializzato. Lo spirito imprenditoriale degli italiani è sempre stato un elemento che ci ha distinto nel mondo. Continuiamo su questa strada.

SEGRETO n. 12: conosci i pregi e i difetti del nostro paese in ambito business; ti permetterà di notare altre realtà che favoriscono la crescita di nuove aziende sotto un'altra prospettiva.

Creazione di un piano di marketing internazionale

Ogni azienda che esporta prodotti e servizi sui mercati internazionali necessita di sviluppare un piano di marketing ad ampio raggio. Sviluppare un piano marketing può durare mesi o anni, di solito il primo *step* è fare riferimento alle ricerche di mercato già eseguite. Conosco la dimensione del mercato, i concorrenti iniziali, le norme fiscali e burocratiche richieste per i miei prodotti, le strategie di prezzo, i canali distributivi ottimali, i dazi, le imposte e altri costi oltre le restrizioni e le certificazioni internazionali.

Ricorda quanto detto nel precedente capitolo: la ricerca di mercato deve saper individuare le tendenze dei prodotti, i fattori culturali che possono influenzare la strategia di marketing e i potenziali ostacoli all'ingresso sul mercato.

Suggerisco spassionatamente di rivolgersi a professionisti del settore (ad esempio, il Dipartimento del Commercio USA, gli uffici statali internazionali di sviluppo del business) o ad associazioni di categoria. Se individuo non meno di cinque potenziali mercati internazionali, allora il modello di business è in grado di dirmi dove distribuire al meglio il prodotto nei mercati considerati.

Parola d'ordine: scoprire per tenersi aggiornati

Per curare nei dettagli la nuova creatura e quindi anche le modalità di esportazione dei prodotti, frequento eventi e incontri. Esistono appuntamenti specifici molto interessanti, come quello organizzato per il commercio internazionale nello stato dello Utah presso l'Ufficio del Governatore dello Sviluppo Economico, *La protezione dei segreti commerciali in strutture all'estero*.

Dire che un piano marketing sviluppato in Portogallo è applicabile ugualmente in Polonia o alle Filippine è assurdo. Il rischio è quello di pensare al resto del mondo come a un'unica entità. Fortunatamente non è così perché ogni paese ha le sue lingue, leggi e attività di business. Prova a vendere alcolici in Arabia Saudita e potresti avere più problemi della mancanza di clienti.

Come affrontare i segreti internazionali

Immagina il classico turista, con la macchina fotografica in mano, che cammina al centro di un vivace *bazar* in un paese straniero. L'energia della terra lontana abbinato al fascino dei popoli indigeni si libera mentre lui scatta le sue foto, e mentre ascolta la gente parlare una lingua che non capisce ma che trova bella. Ora immagina un avvocato americano in volo per recarsi all'estero alle prese con dei testimoni per una causa multimilionaria.

Ha ricevuto da una società statunitense l'incarico di citare in giudizio una società straniera con l'accusa di appropriazione indebita di segreti commerciali. Questo avvocato ha probabilmente una prospettiva molto diversa del suo coinvolgimento in una cultura straniera rispetto al turista. Dopo diverse giornate passate al confronto dal vivo, sta cercando di raccogliere le informazioni necessarie da persone che non parlano l'inglese. La barriera linguistica e le altre differenze culturali rendono il suo lavoro impegnativo e, a volte, frustrante.

L'aneddoto potrebbe diventare familiare per molti di noi se affrontiamo un business internazionale senza le conoscenze adatte. È uno scenario reale, perché le aziende sono sempre più in competizione su scala globale, sempre più concentrate a sviluppare innovazioni redditizie. Proprio per questo, mi impegno a cogliere le complessità culturali e logistiche, sempre. Il problema è che il ruolo del diritto nella società varia da paese a paese. È un errore avanzare dei diritti sulla base della nostra tradizione giuridica. Nel Sud-Est asiatico e nell'Europa dell'Est per esempio, un contratto è solo un contorno. In altri paesi, un contratto è più simile a una lettera di intenti che permette di iniziare a fare affari.

Non trascurare mai l'effetto che l'azione di un governo può avere sulle tue relazioni d'affari. Negli Stati Uniti, il governo ha bisogno di una giustificazione importante per rilevare una proprietà; in Brasile, in Cina e in altri paesi in via di sviluppo, il governo (o gli insorti del governo) sono in grado di rovinare le nostre filiere di fornitori all'istante.

Anche dal punto di vista culturale ci sono, per fortuna, tante varietà, così come nell'ambito del business. Per esempio, esclusi gli Stati Uniti d'America, le imprese si basano su rapporti personali. Pertanto, per prima cosa dobbiamo considerare il tempo per coltivare le persone giuste nei posti giusti. In tutte le forme di business possibili, mi affianco sempre a professionisti del posto. Negli Stati Uniti spesso scelgo gli avvocati. Ma non è necessariamente così ovunque. In base alla necessità, potrebbe essere un banchiere o uno spedizioniere doganale.

Sette segreti per costruire un'attività ad alta performance

Poiché l'azienda e il suo habitat sono sempre in continua evoluzione, le strategie devono essere applicate con i tempi giusti. Ciò che conta è la corretta gestione, lo sfruttamento dei driver di business idonei per adattare e modellare le opportunità da affrontare nel corso del tempo.

Ecco i miei sette segreti.

1. Rapida risposta alle nuove condizioni: non sto parlando solo di crisi finanziarie e politiche, ma della capacità di riconoscere le necessità del consumatore finale. Penso che il più grande cambiamento che sta interessando le imprese globali del ventunesimo secolo è la *comunicazione*.

Siamo sempre connessi tramite le nuove tecnologie mobili, le organizzazioni si trovano ad affrontare nuove sfide uniche. Ritengo che le imprese intelligenti capiscano che i social media stanno fornendo più opportunità che minacce.

Coloro che sono in testa al gruppo, come Dell con il proprio blog Direct2Dell (http://en.community.dell.com/dell-blogs/direct2dell/b/direct2dell/default.aspx), hanno già i loro valori di brand aziendali condivisi in tempo reale da parte dei dipendenti autorizzati. I clienti, o coloro che usufruiscono del prodotto, hanno milioni di amici in tutto il mondo per condividere opinioni su prodotti, servizi.

2. Assunzione dei potenziali rischi, di sperimentazione e innovazione. Ti chiedo: il rischio è basato più su una percezione o su stime tecniche? La mia esperienza mi dice che lo scostamento dei risultati attesi è un effetto delle incertezze. Ma l'incertezza è proprio il valore aggiunto di una collaborazione. Quindi il rischio è uguale alle opportunità. Le aziende con bilanci ferrei sono costrette a innovare o morire. Le organizzazioni ad alte prestazioni possono invece fare dell'innovazione un'abitudine.

Dico sempre che non sono egocentrico, sono invece sempre pronto a guardare cosa c'è di nuovo, ma anche a consentire di presentare "progetti personali" ai collaboratori, ai manager o ai soci che incontro sul mio cammino. Questo mi permette di esplorare campi completamente nuovi. Ad esempio, aziende come Google concedono ai propri dipendenti il 20% del loro tempo per lavorare su qualcosa che li appassiona molto.

3. Imprenditorialità, approcci proattivi per trovare soluzioni e talenti sono sempre premiati. Costruire una forte cultura imprenditoriale in grandi imprese multinazionali non è facile. Per esempio, le aziende giapponesi sono alla ricerca di consenso tramite il sistema *kaizen*, che significa formazione continua e di miglioramento. È una disciplina che celebra il gruppo, piuttosto che l'essere campioni spingendo nuove idee personali. I mercati emergenti sono in genere selezionati per la loro capacità di assumersi dei rischi e decidere rapidamente con poche regole.

La strategia aziendale in un'organizzazione imprenditoriale è spesso figlia di un approccio dal basso con, in prima linea, i collaboratori come servizio ai clienti o di supporto per il personale di vendita. Insieme si condivide il feedback sui blog o sui social media come Facebook o Twitter. Avere il coraggio di essere giudicati. "Non puoi giudicare te stesso, si può essere giudicati solo da altri" (Jeffrey Hollender).

4. Top manager che mostrano reale attenzione ai clienti, colleghi, azionisti e fornitori. Le aziende ad alte prestazioni continuano a costruire la fiducia con le persone e trattano anche con i concorrenti. Quando un'azienda come BP perde la fiducia nel recente disastro del Golfo (piattaforma petrolifera Deepwater Horizon), le vendite scendono drasticamente. È molto difficile per una società globale gestire i comportamenti etici e di responsabilità, in quanto ogni paese ha la propria definizione di cultura e storia oltre che la sua responsabilità sociale. Esiste pertanto un collegamento molto forte tra fiducia e profitti. Le aziende che perdono la fiducia non sono più in grado di riconquistare come valore del brand il nuovo mercato globale.

5. Chiara e profondamente radicata deve essere la **filosofia** dei valori e la sua mission. Ampiamente comprese e condivise. Visione aziendale con l'intento di determinare qual è lo scopo di un'organizzazione, dove sta andando e quali sono i valori condivisi da tutti, dagli stakeholder, azionisti, fornitori e il gruppo in generale. Valori e principi per definire le azioni e contribuire a creare una strategia con obiettivi che siano di buon esempio in una società che ha valori globali.

6. Attenta ricerca e selezione di nuovi talenti da crescere. Che ti piaccia o no, i media sociali sono ancora una grande opportunità internazionale. Più del 70% delle aziende trova nuovi assunti in quel modo. Online il *social networking* non è nuovo e segue le stesse regole del mondo reale; utilizzando piattaforme come LinkedIn o Twitter, si possono avere maggiori confronti sul profilo selezionato contribuendo anche a ridurre i costi di assunzione.

7. Cultura familiare al centro dei valori aziendali. Conosco bene l'argomento, perché ho provato l'esperienza in prima persona, il talento è dove meno pensiamo di trovarlo. Va curato e cresciuto in un ambiente sano, in grado di dare opportunità, e quando sarà il momento, come avviene in famiglia, operare il distacco per rincorrere nuovi orizzonti.

SEGRETO n. 13: domina i sette principi fondamentali, così potrai affinare la tua strategia imprenditoriale verso una leadership internazionale.

RIEPILOGO DEL CAPITOLO 4:

- SEGRETO n. 11: scegli la sede ideale per la tua International Company in funzione del mercato e delle risorse umane che puoi attivare in quel paese.
- SEGRETO n. 12: conosci i pregi e i difetti del nostro paese in ambito business; ti permetterà di notare altre realtà che favoriscono la crescita di nuove aziende sotto un'altra prospettiva.
- SEGRETO n. 13: domina i sette principi fondamentali, così potrai affinare la tua strategia imprenditoriale verso una leadership internazionale.

CAPITOLO 5:

Come trovare le risorse necessarie

A questo punto ho un'idea di business, ho trovato il relativo prodotto o servizio innovativo. Ho creato una strategia aziendale. Il quadro è completo. Eventualmente, manca solo un ultimo tassello, se previsto dal piano strategico, ossia: ho anche bisogno di trovare del denaro per mano di un investitore? In tal caso è bene, come dicevo all'inizio del manuale, fare delle valutazioni precise sul modello di business prima di proporlo in maniera tale da determinare le potenzialità commerciali.

Ecco i trentatre punti strategici di un modello di business di successo:

1. legalità e trasparenza;
2. sviluppo dell'idea;
3. certezza e coraggio;
4. investimento necessario;
5. impatto ambientale;

6. trend di mercato;
7. impatto sociale;
8. capacità di sviluppo della gamma di prodotti;
9. mercato prima, durante e dopo introduzione del prodotto;
10. richiesta dei clienti;
11. ciclo di vita del prodotto;
12. promozioni come strumento per la vendita;
13. tempi di adattamento del mercato;
14. design;
15. visibilità del prodotto;
16. prezzo di vendita;
17. servizio *pre* e *post* vendita;
18. protezione della proprietà intellettuale;
19. valore d'impresa;
20. presunto tempo di rientro investor;
21. concorrenza;
22. redditività;
23. fattibilità del processo aziendale;
24. abbinamento servizi e/o prodotti accessori;
25. fattibilità progetto;
26. ricerca e sviluppo;

27. stabilità della domanda e mercato;
28. previsione di vendita;
29. influenzatore, acquirente e utilizzatore prodotto;
30. potenziali competitor;
31. indagini di mercato e marketing internazionale;
32. valore percepito;
33. modalità di distribuzione del prodotto e/o servizio.

Spesso incontro menti geniali che hanno grandi idee, potenzialmente di successo (e per successo intendo la capacità di far accadere le cose), ma non sanno come sviluppare il modello di business e nemmeno conoscono un modo proficuo per trovare il denaro disponibile. La cosa che vedo fare è proporre la propria idea a una multinazionale o comunque a una grande azienda.

Questo tipo di innovatori sono convinti che sia sufficiente presentare l'invenzione e poi al resto penserà l'azienda. Si cade nell'inganno che una Company già strutturata, con capacità economiche, sia sufficiente a far nascere un'altra idea.

SEGRETO n. 14: avere un'idea di business è il primo passo verso la creazione di un progetto. Per rendere l'idea reale occorrono sia l'imprenditore che l'investitore.

Peccato che le grandi aziende, per esperienza, non siano quasi mai interessate a idee esterne. Vedo anche realtà che producono in sede il proprio prodotto "innovativo", destinando a quest'ultimo risorse economiche e di tempo che fanno allungare i periodi di sviluppo tanto da rendere il prodotto stesso ormai superato. Mi è successo proprio di recente con una realtà italiana.

Di certo, se si possiede una propria azienda, ci si trova in una posizione apparentemente più semplice, se non per il fatto che è più facile vendere una company che ha un brevetto, anche se l'azienda versa in cattive acque. Gli investitori capiscono al volo il valore di un'azienda piuttosto che l'innovazione alla base di un'idea. Il motivo è che l'imprenditore ha esperienza sufficiente per comprendere le potenzialità di un progetto, abbinandolo all'aspetto del profitto, diversamente da quella che può avere un innovatore. Ho citato la multinazionale o chi ha già un'impresa col proprio modello di business. Nel mezzo esiste, però, una fascia di medie imprese, nel mondo ce ne sono tantissime. Si può prendere in considerazione anche l'opportunità di rivolgersi a questo gruppo e spiego il perché. Molte piccole realtà possono essere interessate a produrre quantità non appetibili per le grandi aziende. Probabilmente le piccole società possono avere carenze in fatto di marketing e distribuzione, ma in questa fase è più importante collaborare con loro per fare il primo passo nel mondo del business.

L'idea produrrà utili?

Questa è una domanda alla quale è difficile dare una risposta certa. Posso dire però che è possibile ridurre il rischio imprenditoriale il più possibile. Succede, anche per chi ha grosse disponibilità economiche e ha la possibilità di effettuare ricerche di mercato capillari, di sbagliare completamente un progetto. La riuscita dello stesso dipende principalmente dall'imprenditore e poi in percentuale minore dalle capacità economiche di partenza.

Come trovare gli anelli di congiunzione

Ogni singolo capitolo di questo documento è carico di informazioni e punti semplici su come un ideatore può produrre utili facendo nascere un'invenzione o qualsiasi altra innovazione. Ritengo che l'ideatore non è quasi mai chi sviluppa l'azienda.

L'imprenditore che la gestisce potrebbe a sua volta non essere l'investitore. Distinguo benissimo queste quattro figure:

- il talento, colui che ha l'idea innovativa;
- lo sviluppatore d'impresa e opportunità, unisce tutti quanti;
- l'imprenditore, colui che produce e gestisce il business;
- l'investitore, colui che finanzia il progetto. Potenzialmente può anche non essere interessato al luogo in cui finiranno i suoi soldi ma piuttosto al modo e alla quantità di tempo in cui avrà il ritorno percentuale previsto.

Molte piccole nuove imprese sono condannate sin dall'inizio, perché non distinguono queste categorie. Chi è riuscito ad avviare un'attività remunerativa, lo ha fatto evitando di affidarsi a semplici banche ma è stato in grado nelle diverse aree di aggiungere i pezzi mancanti delle proprie conoscenze e capacità.

Se vuoi promuovere un'idea devi trovare chi la sviluppa in un progetto dettagliato. Se sei un imprenditore, trova chi ha l'idea o chi è in grado di inserire innovazione in un modello esistente. Se sei un investitore, seleziona bene le opportunità.

SEGRETO n. 15: l'anello che unisce inventore, imprenditore e investitore è lo *sviluppatore dei progetti.*

È davvero difficile incontrare chi ricopre tutte e quattro le categorie da solo, senza l'aiuto di altri. Esistono casi nella storia. Per esempio Edison non era solo un inventore geniale. Era anche un uomo di marketing, di comunicazione, e abile nella raccolta di capitali. Joseph Swan? Esistono diversi indizi e motivi per credere che fu lui a inventare la luce elettrica, prima di Edison. Com'è finita la storia? La creazione del prodotto (lampadina), il brevetto e la relativa commercializzazione sono di Edison.

Ci sono pochi Edison in circolazione, Steve Jobs era uno di questi. Proprio per questo serve creare delle sinergie, attivare e sviluppare i contatti necessari per veder vivere un'idea brillante, perché manca la preparazione ed esperienza in tutte le quattro aree che ho citato. Fatevi aiutare.

SEGRETO n. 16: comprendi bene se sei un inventore, un imprenditore o un investitore. Chiarito questo, trova gli altri due elementi mancanti oltre alla persona che potrà sviluppare l'intero progetto.

Edison e Steve Jobs, in ere diverse, si facevano aiutare. Oggi è possibile aiutare gli inventori a raccogliere capitali e a costituire le aziende per la produzione e la commercializzazione dei prodotti tramite le capacità di imprenditori specifici. Ritengo fondamentale un anello di congiunzione, quello degli sviluppatori, in grado di fornire sofisticate consulenze su nuovi progetti (www.nuanen.com). È la mia passione sviluppare in maniera creativa nuove aziende, proprio per questo lo faccio. Anche le associazioni di inventori sono un ottimo modo per confrontarsi. Ne esistono in tutto il mondo. Si condividono esperienze, idee o esigenze con persone che hanno gli stessi interessi (risultando pertanto un gruppo di pari) e si possono ottenere buoni consigli, valutazioni e altre forme di supporto.

Confrontati sempre. Non avere paura: dalla condivisione dei pensieri nascono le idee migliori. Accogli con grande valore chi ha già vissuto l'intero percorso di sviluppo idea, creazione prodotto, brevetti e finanziamenti. Non importa se alla fine il progetto è andato bene oppure no. È solo un risultato. Esistono anche i vari centri universitari per l'innovazione che assistono inventori e innovatori. Uno dei più famosi di questi nodi è l'Università di Waterloo (http://uwaterloo.ca/) dove è possibile far valutare nuove idee in cambio di compensi modesti. In ognuna di queste realtà è importante venire a capo degli aspetti critici in fase di pianificazione dello sviluppo del nuovo prodotto. Quando l'idea risulta potenzialmente valida e realizzabile, gli sviluppatori o una delle altre realtà mettono in contatto l'inventore con aziende già avviate o con possibili finanziatori.

Se dopo aver letto questo corso, si è ancora convinti di poter avere successo da soli, probabilmente manca la consapevolezza dell'importanza delle risorse altrui. Tutto quello che vedi intorno a te nel mondo cominciò da un pensiero o da un'idea nella mente di una singola persona prima di essere tradotto in realtà!

RIEPILOGO DEL CAPITOLO 5:

- SEGRETO n. 14: avere un'idea di business è il primo passo verso la creazione di un progetto. Per rendere l'idea reale occorrono sia l'imprenditore che l'investitore.
- SEGRETO n. 15: l'anello che unisce inventore, imprenditore e investitore è lo *sviluppatore dei progetti*.
- SEGRETO n. 16: comprendi bene se sei un inventore, un imprenditore o un investitore. Chiarito questo, trova gli altri due elementi mancanti oltre alla persona che potrà sviluppare l'intero progetto.

Conclusione

Da questo corso avrai certamente compreso che non c'è un modo migliore di un altro per sviluppare una International Company. Tutto ciò che hai trovato, comprese le tecniche e i segreti, è frutto della mia esperienza personale, e sono certo che all'interno hai trovato spunti nuovi per accendere la scintilla alla tua idea e trasformarla in una realtà imprenditoriale di successo nel mondo.

Suggerisco di considerare gli elementi o gli esempi che ho trattato nel loro insieme, altrimenti si rischia di avere una visione poco rappresentativa degli affari. La mia esperienza non può essere una garanzia di successo per tutti ma può aumentare certamente la consapevolezza di determinati passaggi se vuoi creare una nuova impresa internazionale. Questo risultato è raggiungibile solo con impegno e determinazione, applicando i principi del corso che senti più vicini a te. Risulta evidente che in base al tuo profilo (inventore, talent, libero professionista, imprenditore o investitore) cambia il modo di leggere e valutare la mia esperienza, ma sono fiducioso del fatto che siamo pronti, adesso, a un confronto di alto livello. Abbi fede e usa al meglio quanto descritto nel corso.

Marco Sabatiello

www.ingramcontent.com/pod-product-compliance
Ingram Content Group UK Ltd.
Pitfield, Milton Keynes, MK11 3LW, UK
UKHW022014190726
13853UKWH00005B/1925

9 788861 745094